Lettre et Dédicace autographe

29.
Vento Malasso
5-6-2-57 N°208
30.000 F
19-3-57

A mon cher confrère Laurent Tailhade

très cordialement

Stéphane Mallarmé

RÉPUBLIQUE FRANÇAISE
LIBERTÉ—ÉGALITÉ—FRATERNITÉ

A—51.

Administration générale de l'Assistance publique à Paris

Je, soussigné

Mon cher Cailhass

Je suis venu, perdant votre sommeil, vous presser la main, vous dire l'horreur que j'ai à l'idée que vous souffrez et comme j'attends de meilleurs moments ! Je reviendrai bientôt. Votre

Stéphane Mallarmé

Préface

à

VATHEK

En vente

chez ADOLPHE LABITTE, libraire de la Bibliotheque nationale :

LE

VATHEK

de

BECKFORD

Réimprimé sur l'Édition française originale
avec Préface par
STÉPHANE MALLARMÉ

(1 vol. in-8°, tiré à 220.)

DÉTACHÉE DU VOLUME, LA PRÉFACE CI-CONTRE (DONT LE TIRAGE SUR PAPIER SPÉCIAL SE LIMITE AU CHIFFRE DE 95 EXEMPLAIRES) N'EST PAS MISE EN VENTE; ET L'ON NE PEUT EN REPRODUIRE QUE DES FRAGMENTS DANS TOUTE AUTRE ÉDITION DE *VATHEK*.

N° 74

Préface

à

VATHEK

réimprimé sur l'original français

de BECKFORD

PAR

STÉPHANE MALLARMÉ

PARIS

Chez

l'Auteur

M DCCC LXXVI

VATHEK

STÉPHANE MALLARMÉ

Qui n'a regretté le manquement à une visée sublime de l'écrit en prose le plus riche et le plus agréable, travesti naguère comme par nous métamorphosé? Voile mis, pour les mieux faire apparaître, sur des abstractions politiques ou morales que les mousselines de l'Inde au XVIIIme siècle, quand régna le Conte Oriental ; et, maintenant, selon la science, un tel genre suscite de la cendre authentique de l'histoire les cités avec les hommes, éternisé par le *Roman de la Momie* et *Salambô*. Sauf en la *Tentation de saint Antoine*, un idéal mêlant époques et races dans une prodigieuse fête, comme l'éclair de l'Orient expiré, cherchez! sur des bouquins hors de mode, aux feuillets desquels ne demeure de toute synthèse qu'effacement et anachronisme, flotte la nuée de parfums qui n'a pas tonné. La cause: mainte dissertation et au bout je crains le hasard. Peut-être qu'un songe serein et par notre fantaisie fait en vue de soi seule, atteint aux poëmes: or le rythme le transportera au delà des jardins, des royaumes, des salles; là où l'aile de péris et de djinns fondue en le climat ne laisse de tout évanouissement voir que pureté éparse et diamant, comme les étoiles à midi.

Un livre qui en plus d'un cas, son ironie d'abord peu dissimulée, tient à l'ancien ton et, par le sentiment et le spectacle vrais au roman évocatoire moderne, m'a quelquefois contenté: en tant que bien la transition ou comme produit original. Le manque de maint effort vers le type tout à l'heure entrevu ne m'obsède pas à la lecture de ces cent et quelques pages; dont plus d'une, outre la préoccupation double de parler avec esprit et sur tout à bon escient, révèle chez qui l'écrivit un besoin de se satisfaire l'imagination d'objets rares ou grandioses. Le millésime, tantôt séculaire, placé sous le titre reste à ce compte, pour l'érudit, une date ; mais je voudrais auparavant séduire le rêveur.

L'histoire du Calife Vathek commence au faîte d'une tour d'où se lit le firmament, pour finir bas dans un souterrain enchanté ; tout le laps de tableaux graves ou riants et de prodiges séparant ces extrêmes. Architecture magistrale de la fable et son concept non moins beau ! Quelque chose de fatal ou comme d'inhérent à une loi hâte du pouvoir aux enfers la descente faite par un prince, accompagné de son royaume; seul, au bord du précipice : il a voulu renier la religion d'Etat à laquelle se lasse l'omnipotence d'être conjointe du fait de l'universelle génuflexion, pour des pratiques de magie, alliées au désir insatiable. L'aventure des antiques dominations tient dans ce drame, où agissent trois personnages qui sont une mère perverse et chaste, proie d'ambitions et de rites, et une naturelle amante; en sa singularité seul digne de s'opposer au despote, hélas! un languide, précoce mari, lié par d'innocentes fiançailles. Ainsi répartie et entre de délicieux nains dévots, des goules puis d'autres figurants qu'elle accorde avec le décor mystique ou terrestre, de la fiction sort un appareil insolite : oui, les moyens méconnus autrefois de l'art de peindre, tels qu'accumulation d'étrangetés produite simplement pour leur caractère unique ou de laideur, une bouffonnerie, irrésistible et ample, montant en un crescendo quasi lyrique, la silhouette des passions ou de cérémonials et que n'ajouter pas? A peine si la crainte de s'attarder à de ces détails, y perdant de vue le dessin de tel grand songe surgi à la pensée du narrateur, le fait par trop abréger; il donne une allure cursive à ce que le développement eût accusé. Tant de nouveauté et la *couleur locale,* sur quoi se jette au passage l'imagination pour faire avec comme une orgie, seraient peu, en raison de la grandeur des visions ouvertes par le sujet; où cent impressions, plus captivantes même que des procédés, se dévoilent à leur tour. Les isoler par des formules distinctes et brèves, le faut-il? et j'ai peur de ne rien dire en énonçant *la tristesse de perspectives monumentales très-vastes,* jointe *au mal d'un destin supérieur;* enfin *l'effroi* causé par *des arcanes* et *le vertige* par *l'exagération orientale des nombres; le remords* qui s'installe *de crimes vagues ou inconnus; les langueurs virginales de l'innocence et de la prière ; le blasphème, la méchanceté, la foule...*Une poésie (que l'origine n'en soit ailleurs ni l'habitude chez nous) bien inoubliablement liée au livre apparaît dans quelque étrange juxtaposition d'innocence quasi idyllique avec les solennités énormes ou vaines de la magie : alors se teint et s'avive, comme des vibrations noires d'un astre, la fraîcheur de scènes naturelles, jusqu'au malaise; mais non sans rendre à cette approche du rêve quelque chose de plus simple et de plus extraordinaire.

Bien : ce Conte, tout autre que des Mille et une Nuits, qu'est-ce; ou quand brilla-t-il, du fait de qui donc?

Sous la tutelle des lords Chatham et Littleton, anxieux d'en faire un homme politique marquant, étudiait, choyé par sa mère et banni d'auprès d'elle pour l'achèvement d'une éducation somptueuse, le fils de feu le lord-maire Beckford (de qui la fière adresse à George III se lit sur un monument érigé au Guildhall). Mais, aux voûtes de la demeure provinciale avec le silence, un génie, celui de la féerie et de l'Orient, élut cette jeunesse : exilée d'entre les grimoires de la bibliothèque paternelle et hors d'un certain *Boudoir Turc*, il la hantait en Suisse, au cours de droit et de sciences, et à travers la Hollande, l'Allemagne, l'Italie. Savoir les classiques, dépositaires des annales civiles du monde passé, charmait l'adolescent comme un devoir, même des poëtes, Homère, Virgile; mais les écrivains de Perse ou arabes, comme une récompense; et il domina l'une et l'autre des langues orientales à l'égal du latin ou du grec. Avis, prières, insinuations et jusqu'au blâme, confiscation amicale des tomes trop feuilletés, nul fait de la raison ne savait conjurer l'enchantement ; or point d'autre emploi immédiat chez William Beckford des premières heures de majorité que, libre et le rêve à lui, de jeter sur le papier, vers le commencement peut-être de 1781, VATHEK. *Je l'ai écrit dans une seule séance et en français,* raconta sur le tard le débutant, *et cela m'a coûté trois jours et deux nuits de grand travail — je ne quittai pas mes habits de tout le temps — une si rude application me rendit fort souffrant.* A quel point sur cette organisation s'établit l'empire d'une fatalité. Quelque plan du sujet par nous jugé d'un équilibre parfait, préexista-t-il : point, le croit l'auteur ; omettant ici l'adaptation ancienne à ses instincts tout de grandeur et de beauté déjà, du rêve latent. Les figures maîtresses ainsi que la mise en scène, embarras : non plus, car le regard de l'enfance avait du toit premier fait un refuge à mille visions arabes ; chaque hôte, pris au monde réel se parant aussi de la séduction ou de l'horreur exigées par le conte. *Vous trouveriez difficilement quelque chose de la sorte dans aucune description orientale* (va la citation) ; *ce fut* l'œuvre de ma propre fantaisie. La vieille maison de Fonthill avait l'une des plus vastes salles du royaume, haute et d'écho sonore; et des portes nombreuses y donnaient accès de différentes parties du bâtiment, par d'obscurs, de longs et sinueux corridors. C'est de là que j'ai tiré ma salle imaginaire, ou d'Eblis, engendrée par celle de ma propre résidence. L'imagination la colora, la grandit et la revêtit d'un caractère oriental. Toutes les femmes dont il est fait mention dans Vathek furent le portrait de celles qui habitaient l'établissement familial du vieux Fonthill, leurs qualités, bonnes ou mauvaises, exagérées pour remplir mon dessein. Suite de confidences d'un âge mûr, quand se replonge la vue au cours des premiers ans transparents; mais trop brève et que closent des paroles significatives. C'est de ma propre idée que je fis le tout. J'avais à élever, à magnifier, à orientaliser chaque chose. Je planai dans ma jeune fantaisie sur l'aile de l'ancien oiseau arabe Rock, parmi les génies et leur charme, ne me mouvant plus chez les hommes.

Selon quelle très-mystérieuse influence, celle

sue qui du tout au tout transmuait un séjour, le livre fut-il écrit en français : parenthèse que ne comble aucun vestige dans les notes laissées ou les propos retenus. Autant que la nécessité de puiser aux quelques ouvrages d'*Herbelot*, de *Chardin* ou de *Salé* reconnue dans l'annotation finale (à cet autre aussi point cité, *Abdallah* ou *les Aventures du fils d'Hanif, envoyé par le sultan des Indes à la découverte de l'île de Borico*, etc., 1723), sources à peu près de tout l'appareil ancien oriental, un usage sûr de notre langue, apprise tôt à Londres et pratiquée dans la société parisienne et trois ans à Genève, explique les motifs ou le don qu'eut l'écrivain de la choisir. Le fait général du recours à un autre parler que le natal, pour se délivrer, par un écrit, de l'obsession régnant sur toute une jeunesse : renoncez à y voir mieux que l'espèce de solennité avec quoi il fallut s'asseoir à une tâche de caractère unique, elle, différente de tout ce qui allait être la vie. (*)

(*) Illustre, un précédent s'est tout de suite imposé, moins à la mienne encore que jadis à la mémoire de Beckford, épris

Avoir pour second mouvement de détourner les yeux du manuscrit afin de régler, apport aussi de l'âge légal, la disposition d'une fortune alors considérable (au revenu de deux millions cinq cent mille francs environ), rien que de strict. Le cercle des voyages achevé, l'un aux côtés d'une jeune et très-belle épouse et d'autres seul pour en promener partout la mort et les souvenirs, vint l'instant du retour, mais sans la hantise d'autrefois. Cette imagination aux vastes desseins, comme dépossédée de leur but spirituel rempli et la même cependant, s'éprit d'abattre pierre à pierre le vieux Fonthill House, réfléchi dans le miroir d'un monotone bassin, pour édifier non loin Fonthill Abbey,

---

de parchemins blasonnés et de lecture: les *Mémoires du comte de Gramont* puis leur suite d'opuscules enjoués; mais avec quel manque de ressemblance dans le but ou l'occasion. L'esquisse de mœurs françaises émane du château de Saint-Germain, or du jour même le texte en appartient ouvertement comme l'esprit à notre âge classique. Détail plutôt à relever dans ce rapprochement et qui y apporte de l'intérêt: quelque parenté par sa mère, une Hamilton, entre l'héritier de Fonthill et le gentilhomme émigré parmi la cour de Jacques II; d'où une ambition (ma foi) d'imiter cet ancêtre.

au milieu de jardins acclamés les plus beaux de l'Angleterre. Résurrection à grand prix faite et de tout site et de tout temps, le seul rêve, invité à peupler le nouvel intérieur, eut, pour matériaux, ceux de l'art universel représenté là par ses merveilles : le ciel considérait d'immenses collections de fleurs. Point de faux soucis ni de démarche vers des honneurs sociaux : mais tendre uniquement autant que combler la magnifique construction ou de soie ou de vases, chaque meuble disposé d'après un goût jusqu'alors inconnu, voilà ; et ce désir, cher à tout grand esprit même retiré, de donner des fêtes, une, où Nelson, venu sur les pas de la seconde lady Hamilton, applaudit sa sirène dans un divertissement tragique et sculptural. Le calme, bon à la méditation des produits purs de l'esprit, se fait : nul livre appartenant à la grande génération, qui ne passe par les mains du bibliophile, épris de nobles marges pour y inscrire son jugement. Si discrète que fût cette participation au moment, elle ne s'accusa presque point davantage par la mise au jour d'heureuses parodies du *cant* fashionable en honneur : *The Elegant*

Enthusiast et *Amezia, rhapsodical, descriptive and sentimental romances, intermingled with pieces of poetry;* (*) je les détache de cette veine sarcastique et personnelle qui au garçon de dix-sept ans fournit une *History of extraordinary painters*, mystification à l'usage des visiteurs campagnards de la galerie paternelle; ou devait, dans un futur encore lointain, produire un *Liber veritatis* (ce titre presque changé en celui de *Book of Folly*) pamphlet héraldique sur les prétentions à une ancienne noblesse de force membres du parlement, resté manuscrit. Tous opuscules privés, mais de verve brillants et faits pour se lire à haute voix dans un cercle de familiers, la conversation venant à languir; le cas est rare dans le salon d'un causeur à la vivacité duquel échappaient des saillies. Ecoutez un mot au hasard : *Les vérités importantes, sans en excepter une, ont été le résultat d'efforts isolés — nulle n'a été découverte par la masse des gens et on peut bien supposer qu'aucune ne le sera jamais — toutes*

(*) L'*Elégant Enthousiaste* et *Amezia*, romans poétiques, descriptifs et sentimentals, mêlés de vers etc.

viennent du savoir, joint à la réflexion d'esprits hautement doués : les grands fleuves sortent de sources solitaires. Que des déplacements féeriques de demeures aient signifié, chez le rêveur survivant au *Conte arabe*, autant de jeux comme ceux où l'imagination se complaît en des écroulements ou à des édifices de nuages, on s'en convaincra : à défaut d'objet immédiat persista aussi le grand don littéraire. Vendre l'abbaye elle-même dont à un architecte médiocre et célèbre on a du doigt, après des pérégrinations, indiqué le style ne fut (le jour de quelque baisse dans le patrimoine) que la décision d'un instant; puis, dans de dernières constructions plus proches de la ville, Bath, à Lansdown dominé encore par une tour seule comme un phare, aller, jusqu'à la veille de la mort, changer mille souvenirs anciens en d'étincelantes pages ! L'*Italy and Sketches from Spain and Portugal*, une *Excursion to the Monasteries of Bathala and Alcobaça*:(*) retenir pareils titres couchés sur le

---

(*) *L'Italie et Esquisses d'Espagne et de Portugal, Excursion aux monastères de Bathala et d'Alcobaça*, 1834.

répertoire des beaux écrits d'une littérature. Le jeune héritier cosmopolite de dix-sept cent et tant avait, grâce à un train princier et à l'usage de recommandations quasi diplomatiques, pénétré à temps l'arcane de la vieille Europe; mais de quelle vision de dilettante apte à discerner avant tous le pittoresque. Ce genre, le Voyage, fut du coup porté au même degré de perfection que chez plusieurs de nos poëtes par un style égal au leur : le collectionneur se procurant les mots brillants et vrais et les maniant avec même prodigalité et même tact que des objets précieux, extraits de fouilles. Calepins rapportés et tard vidés : ou que sur une feuille de papier proche du testament, un passé ait à ce point surgi devant une mémoire, la biographie n'ose préciser de genèse à ces écrits; et son étonnement, dans un cas comme dans l'autre, croîtrait. Toujours est-il que pareille œuvre dont la date secrète hésite du début à la fin d'une vie, suffit à l'honorer tout entière comme ayant, même sans le tome principal qui relève du français, prêté âme à l'un des écrivains de l'Angleterre. Le 2 mai 1844, ses yeux d'entre les trésors de la pensée ou de la main-d'œuvre humaine levés souvent sur de vastes fenêtres et ayant vu près du quart d'un siècle et une moitié de l'autre ramener au même paysage leurs saisons, les ferme ce gentleman extraordinaire; abstraction faite du talent, figure égale à celle de Brummel: quoique sur le dandy fascinateur de l'époque l'emporte peut-être l'amateur Beckford, à cause de son faste solitaire. A vous, Lecteur, mais sans les mille fables et l'absurde, se montre, rattachée presque toute ici à l'écrit imaginatif en jeu comme par l'instinct contemporain elle le fut, l'existence de celui qu'on appela jusqu'au dernier jour l'*Auteur de Vathek*.

Exceptionnel, tout, l'homme en sa contrée et quant à lui l'œuvre, éclate tel : mais l'emploi d'abord du français ! cause qu'on ne voudra de la PRÉFACE rien plus ouïr, attentif à savoir par soi-même ainsi que m'incomba tout à l'heure d'extraire une poésie très-spéciale, quel goût enfin offre la lecture. Tout beau et je dénie ce droit : car que le Conte existe ici, soit, or après combien de péripéties traversées dont il s'agit pour une louable curiosité de s'instruire. A un arrêt par vos souhaits précipité, qui sera peut-être la naturalisation du livre, notoirement feraient défaut des prolégomènes propres à conférer de la pompe, si vous n'attendiez. Quelqu'un sait-il même qu'extérieur (mais de la constatation duquel il faut, maintenant, prendre date) est un mystère : celui d'Episodes nommés page 160 : trois, en n'y ajoutant pas *The Story of Al Raoui, a tale from the Arabic, London, printed by Whittingham M. C. Geesweild, Pall Mall, and sold by Robinsons*, 1799, (*) soixante feuillets anglais simplement dépouillés, vers 1782-83, de l'idiome oriental primitif. Ce surplus, en notre langue toujours et point supérieur ni incomparable à VATHEK, le connaîtra-t-on ; un des récits, au moins, était, dès 1835, brûlé comme *par trop étrange*, dit Beckford à l'auditeur de deux cahiers gardés. Tâche qui me séduira que de tout conquérir ; mais

---

(*) *Histoire d'Al Raoui, Conte d'après l'Arabe, Londres, imprimé par Whittingham, M. C. Geesweild, Pall Mall, et vendu par Robinsons*, 1799.

après l'acceptation par mes compatriotes du spécimen qui leur a par deux fois été dédié : chez nous inconnu et illustre ailleurs ayant paru dans la langue où s'écrivent les lignes de cette revendication.

Par quel concours ignoré de faits, ce livre n'a-t-il pas chez nous été, au siècle dernier ou maintenant, vu de quelqu'un : ténèbres; que loin de chasser, j'épaissis, dénombrant les chances d'une notoriété longtemps et comme savamment éludée. Anonyme, parut, à Paris et à Lausanne, en 1787, une édition simultanée du texte vrai (avant la rédaction et marié depuis, l'auteur ayant résidé aux bords du Léman): bien la même dont un ballot fut en feuilles expédié de notre *rue de la Harpe*. Quel œil alors surveilla toutes choses : c'était pendant cette excursion en Portugal, commencée pour distraire le mal d'un veuvage ; et Paris n'avait peut-être été en hâte traversé qu'à l'automne de 1786, peu de mois après la fin de la compagne laissée, or dans d'autres dispositions que faire imprimer un ouvrage vieux de quelques années. La remise du manuscrit s'effectua dès le tour de noces antérieur (conjecture encore risquée) ou l'envoi en a été, probablement, fait du château de la Tour près Vevay, après 1783 ; à moins que les souvenirs trouvés à Fonthill du juvénile isolement et de l'inspiration n'aient à un inconsolable rappelé tel projet de s'aboucher avec le libraire d'ici, dans la saison sise entre le retour d'auprès de chers restes et sa fuite au Portugal ! Tout dénonce aux doutes l'hypothèse faite en vue d'approcher de la tardive date : et ceci qu'entre tant de notes intimes ou attentives à ne perdre un détail curieux (servant ensemble de fonds aux Lettres de Voyages), quelque allusion eût trahi l'arrivée dans les bosquets royaux et les fêtes, à Lisbonne, du volume frais d'encre ; sinon déjà des *épreuves*. La rare pièce que voici, soustraite au bouquin demeurant ; d'où même émane-t-elle ? Divers points s'y éclairent, un surtout, des *Episodes;* et l'autre utile à l'achèvement de ma notice, car il indique l'origine d'une version anglaise : mais nul qui résolve la question en débat. Lisez. *L'ouvrage que nous présentons au public a* été composé en François par M. Beckford. L'indiscrétion d'un homme de lettres, à qui le manuscrit avoit été confié il y a trois ans, en a fait connoître la traduction Angloise avant la publication de l'original. Le traducteur a même pris sur lui d'avancer dans sa préface que Vathek étoit traduit de l'Arabe. L'auteur s'inscrit en faux contre cette assertion et s'engage à ne point en imposer au Public avec d'autres ouvrages de ce genre qu'il se propose de faire connoître; il les puisera dans la collection précieuse des manuscrits Orientaux laissés par feu M. Wortley Montague, et dont les originaux se trouvent à Londres chez M. Palmer, regisseur du duc de Bedford. Perspicacité difficile! il doit y avoir eu, au milieu du refroidissement de chacun causé par maint délai à une publication oubliée et payée même dès longtemps, oui, mise au jour subite de ce VATHEK chez Poinçot, à l'insu du jeune auteur, qui repassant par Paris en 1788, ne s'ouvre à personne du *Conte Arabe*, soit que le peu de bruit fait autour de l'apparition ne l'engageât point à se nommer ou qu'il obéît à certaine susceptibilité de sa famille. Un exemplaire a-t-il été envoyé avec dédicace à des sommités littéraires, doutez-en au silence unanime trouvé dans les annales du temps. L'adolescent, allant à Ferney avec son précepteur, saluait dix ans plus tôt Voltaire, mort à un moment qu'avait à peine hors des salons paternels brillé la future Madame de Staël, plus tard visitée par l'homme mûr à Coppet. Cent mémoires fouillés,(*)

(*) Le MERCURE d'abord, six tomes de 1787, puis le JOURNAL DES SCAVANTS ; enfin à la même date l'ANNÉE LITTÉRAIRE de *Fréron*: rien. Silencieux, *Métra* l'est au long de ses MÉMOIRES SECRETS *pour servir à l'histoire de la République des Lettres en France depuis MDCCXLII jusqu'à nos jours* ou JOURNAL D'UN OBSERVATEUR etc. : et de *Bachaumont* la CORRESPONDANCE SECRÈTE *politique et littéraire* ou MÉMOIRES *pour servir à l'histoire des cours, des sociétés et de la littérature en France* depuis la mort de *Louis XV* cesse avec les derniers mois de 1786 où pas d'œuvre du titre de VATHEK ne se fit d'avance annoncer. Bon à consulter, quelle mention fait de l'œuvre *Barbier*, en son DICTIONNAIRE *des ouvrages anonymes et pseudonymes*, celle-ci : CAPRICES (LES) ET MALHEURS DU CALIFE VALTREK, *traduits de l'Arabe* (par BEAUFORT), *Londres*, 1791, *in-12*. Si quoi que ce soit s'y montre excepté la substitution d'un nouveau titre au premier de l'édition parisienne de 1787 (toute remportée à Londres et que précéderait alors l'Avant-propos nulle part vu par moi et transcrit page xxij) : erreur de tout point et absolue qu'un tel renseignement ; mais peut-être gros de révélations ! L'idée qui vient de naître ici ressort d'une confusion précieuse faite par un autre oracle de la bibliophilie *Quérard*

voilà nos deux seuls littérateurs que Beckford ait
abordés; et la société française qui l'accueillait au

entre ces dits CAPRICES etc. et un ▬▬ tirage donné comme
de *Poinçot, Paris*, 1786: voyez la FRANCE LITTÉRAIRE ou
*Dictionnaire bibliographique des savants, historiens et gens de
lettres de la France, ainsi que des littérateurs étrangers qui ont
écrit en Français plus particulièrement pendant les XVIIIe et
XIXe siècles.* A quelque perspicacité le BEAUFORT en question
n'apparaîtrait qu'une adaptation par jeu du nom (à bien dire
cité là) de BECKFORD au parler français: par qui, sinon l'auteur;
et faite pour perpétuer son incognito, lequel semblait toutefois
de lui n'exiger point qu'il se donnât comme traducteur de
l'arabe. Assez et que cette rencontre à travers les inexactitudes
et les doutes de deux titres jusqu'à présent inconnus relève du
hasard, tout demeure possible, un Manuel en copiant un antérieur: mais le dernier nous garde une révélation, absurde,
improbable, fausse d'abord ; ▬▬, vraie, à savoir qu'existe une
Autre Edition sous ce titre HISTOIRE DU CALIFE VATHEK,
PARIS, BOUCHER, 1819, 2 *vol. in-*12, 4 *francs*. Le Livre avant
la tentative d'à présent réimprimé, quoi! et vain tout le
mystère avec soin ménagé par la Préface: Oui, à la faveur des
recherches habiles qu'hier mena la Bibliothèque Nationale
les deux petits tomes hideux ayant été mis sous mes yeux ;
non, parce que, copie imparfaite de l'édition anglaise de Clarke,
1815, dont il va être parlé page xxvij, cet exemplaire, débutant par un sot discours et suivi du luxe de notes aimables
et érudites, ignore jusqu'à ce dont il est ici question, anonyme d'abord. *Ce conte est arabe, je le déclare* (c'est l'impri-
meur qui a la parole) *et le lecteur le croira sur ma parole, et
même, je l'espère, après l'avoir lu. Si cependant quelque jour-
naliste, car ces Messieurs sont souvent bien rudes pour les*

passage se restreint à des cercles de haute aristocratie. Très-fièrement timide, peut-être attendait-il qu'on lui parlât d'abord de son livre de jeunesse : rien ne montre qu'il l'ait jamais employé près de nobles hôtes en tant qu'objet distinctif; ni comme un appoint à ses lettres d'introduction, carte de visite ou bien bouquet. Non que la personne du maître de Fonthill fût inconnue même cinq ou six ans plus tard, en plein changement

pauvres auteurs, mettait en avant quelques raisons spécieuses pour en établir le doute, je prie le lecteur de ne pas y croire, de lire l'ouvrage, et s'il y a trouvé du plaisir, de le tenir pour arabe. — J'engage aussi messieurs les journalistes à parler de mon conte, s'ils en recoivent un exemplaire, comme ils croiront devoir le faire, pas d'avantage. Manque de goût, ou peut-être pis; malgré tout et même le tracé de ses devoirs qui lui est fait, la presse resta muette et l'opinion : si bien que pareil incident pour moi de la dernière heure, intéressant le libraire spécial et les collectionneurs, n'a, quant à la Littérature, de valeur. VATHEK, CONTE ORIENTAL, par WILLIAM BECKFORD est aujourd'hui donné au public français pour la première fois; moralement: puisque tout à l'heure encore le savant *Catalogue de la Bibliothèque du Petit-Trianon* l'attribuait à *Sébastien Mercier*, auteur du *Tableau de Paris*. Seule compensation au regret que le devoir impartial du commentateur m'impose de mettre au jour cette méprise faite par le grand et sagace trouveur M. Paul Lacroix, un espoir! c'est que qui jette les yeux sur la Préface n'en a pas poursuivi la lecture à travers le dédale de cette Note.

politique: comparse des premières scènes révolutionnaires, nos estampes montrent un Anglais à cheval qui partout assiste en curieux; lui. La chute de la Bastille une fois et encore la mort du Roi précédèrent de peu la rentrée à Londres ou dans ses domaines de cet étranger populaire: mais c'est sans allusion sûre à la gloire littéraire dont son insouciance privait le pays pour la porter autre part, que la Commune se fit un devoir d'inscrire à la suite du passeport cette mention: *Paris le voit s'en aller avec regret.* Aucune visite ultérieure, que je sache, au continent avant cet instant, 1815, qui correspond à une publication nouvelle à Londres de *l'original* français: mais si vaste, au milieu de guerres et d'une ruine d'empire, le laps de relations d'esprit entre pays ennemis, que le double incident, malgré la célébrité chez soi de l'écrivain, passe inaperçu. Le séjour de quelque durée n'est pas sans avoir causé l'invasion en France et au loin de plusieurs de ces exemplaires in-octavo, cartonnés en papier brun à papillottes, lesquels contiennent une gravure en taille douce dans le faux goût britannique du temps et environ 206 pages de texte imprimé selon le type impérial. Un VATHEK, ce tome-là (que possèdent diverses Bibliothèques, Genève notamment), correct et froid et montrant bien plus de disparate avec la fantaisie somptueuse de bibliophile attribuée à son auteur, qu'autrefois le nôtre, simple et laissé au hasard. Trois mots, pour tous préliminaires, y confirment, en l'abrégeant, l'avant-propos cité déjà. *Les éditions de Paris et de Lausanne, étant devenues extrêmement rares, j'ai consenti enfin à ce que l'on republiât à Londres ce petit ouvrage tel que je l'ai composé. — La traduction, comme on sait, a paru avant l'original; il est fort aisé de croire que ce n'était pas mon intention; des circonstances, peu intéressantes pour le public, en ont été la cause.—J'ai préparé quelques épisodes: ils sont indiqués à la page* 200 *comme faisant suite à Vathek; peut-être paraitront-ils un jour.* — W. BECKFORD. Pas d'intérêt, qu'une autre se montre seule ou ait été de maintes suivie, sinon pour l'édition *princeps*, appartenant à la France par l'endroit même de sa publication: elle est de cette rareté (en un temps où tout objet enseveli se fait voir) que ne la mentionne exactement catalogue usité dans notre librairie. Quel, le tirage ; la vente, quelle, etc. : détails qu'omit de conserver pour le littérateur devant, au cours du commentaire actuel, les chercher, son trisaïeul, dont le nom comme *Syndic des libraires* accompagne la demande faite du *Privilége du Roy*. Toujours demeure-t-il à mon su quatre ou cinq de ces exemplaires français de 1787, deux que la BIBLIOTHÈQUE NATIONALE tient de son propre fonds ou de la *Bibliothèque de la reine Marie-Antoinette*, prêtés à la *Réserve;* un autre acquis par le BRITISH MUSEUM au décès de Samuel Proctor (pseudonyme de Barry Cornwall), qui porte ces lignes de la main du poëte, outre un prix ancien d'achat : VATHEK *L.* 2, 10, 0 — *Première édition très-rare* — *je n'en ai jamais vu d'autre exemplaire* — *Septembre* 1870 : et le mien. Le lot entier, racheté par l'auteur, peut-être qu'il le fut, ou dispersé chez nous entre des indifférents : mais la *vente de Fonthill Abbey* en eût exhumé le vestige ; le nom de quelque tome retentirait aussi dans nos criées. Autre suggestion, romanesque : que le tout ait servi de matériaux aux *franchises* (ce fut, pendant les blocus impériaux, la fraude de vaisseaux frétés par exemple de vieux papier, cette légale cargaison se jetant à l'eau, pour faire place à des marchandises de prix anglaises ainsi dégrevées du droit). Aux profondeurs de la mer, point davantage que dans le flot humain, n'a sombré ce livre, marqué par quelque Dive funeste pour le pur et simple oubli. Accusez le pilon. A défaut même du poëte, que le curieux ou l'érudit n'ait pas de très-longtemps mis un doigt poudreux sur ces feuillets, s'aidant de l'aveu loquace et continuel de vieux *magazines* qui disaient le livre originellement composé en français: cause pour moi au moins de trouble! Si; un homme du goût le plus sagace, passé maître en le récit (j'apprends ce fait tout en me relisant), Mérimée, avec les écrits duquel des morceaux un peu rapides du début de VATHEK et la simplicité volontaire d'expression qui en accompagne jusqu'au final grandiose ne sont pas sans de la ressemblance, pensa de faire éditer pour les délicats, ses pareils, l'œuvre: compromise par la crise de 1870 comme par celles de 89 ou 1815, et aussi par la mort de l'académicien.

Avec une obstination pas fortuite, tandis que nous négligions un des écrits les plus intéressants qui aient été jadis composés en français, l'Angleterre du moins ne possédait pas assez d'éloges pour la traduction que le hasard en fit. Produit quelque temps avant la publication de l'original, ce travail (vous ne l'ignorez plus) résulta d'une indiscrétion; aussi d'un dol, car on le présenta comme pris, non sur le texte prêté, mais de l'arabe. Qui : l'auteur l'ignora presque toujours ; et ce n'est que la quatrième édition de son ouvrage en plein succès qu'il a retouchée tard, jugeant avec bonhomie le faux passable. L'impression faite sur la génération contemporaine paraît grande et aussi n'avoir pas contribué peu à aviver le réveil imaginatif d'alors. Mille paragraphes ou des *essais* survivent, dispersés dans les revues anglaises : écho du murmure approbateur qui a longtemps accompagné dans le siècle la carrière du livre. Citer, point, dans mon bref labeur; où rien n'a lieu que choisir un volume, puis demander :

Qu'y a-t-il ? sans vraiment le feuilleter. A Byron, sur le point de révéler aussi un Orient, la réponse due si généralement hante les mémoires, qu'il la faut, seule, transcrire. *Pour l'exactitude et la correction du costume, la beauté descriptive et la puissance d'imagination, ce conte, plus que tout oriental et sublime, laisse loin derrière soi toute imitation européenne, et porte de telles marques d'originalité, que ceux-là qui ont visité l'Orient éprouveront quelque difficulté à croire que c'est plus qu'une simple traduction.* Le grand génie partageait alors la commune croyance à quelque imitation anonyme de paraboles arabes, fond neutre et d'erreur sur quoi plus tard se détachera la figure de Beckford ; intéressant à elle dans une apostrophe célèbre son héros même, il le fait s'écrier au premier chant du Childe Harold : *C'est là* (à Montferrat) *que toi aussi, Vathek, fils le plus fortuné d'Albion, naguères tu te fis un paradis,* etc., *que tu habitas et dressas des plans de bonheur, sous le front toujours beau là-bas de cette montagne : mais maintenant comme quelque chose de maudit par l'homme, ta féerique demeure est aussi solitaire que toi... les herbes* géantes à peine livrent un passage étroit vers les salles désertes et la porte au large béante : nouvelles leçons au sein qui pense, que vaines sont les jouissances sur terre offertes ; et mêlées au naufrage par l'inclémente marée du Temps. (*) Si fort dure l'étonnement causé par le prosateur au poëte, que voyageur l'un revoit l'ombre de l'autre; dans des lieux mêmes où rien comme un palais légendaire bâti au cours d'une promenade de quelques mois en Portugal n'a pu s'élever. Cela suffit : je ne sais maintenant bibliothèque qui, dans un appareil de luxe et familier aussi,

---

(*) *There thou too, Vathek, England's wealthiest son,*
    Once form'd thy paradise. . . . .
. . . .
. . . .

*

Here didst thou dwell, here schemes of pleasure plan,
Beneath yon mountain's ever-beauteous brow :
But now, as if a thing unblest by man,
Thy fairy dwelling is as lone as thou!
Here giant weeds a passage scarce allow
To halls deserted, portals gaping wide :
Fresh lessons to the thinking bosom : how
Vain are the pleasaunces on earth supplied ;
Swept into wrecks anon by time's ungentle tide!
                   Canto I (XXII et XXIII.)

***

n'offre une des nombreuses éditions de VA-
THEK ; ou liseur considérant ce récit autre-
ment que comme un des jeux les plus fiers de
la naissante imagination moderne.

Cas spécial, unique entre mainte réminis-
cence, d'un ouvrage par l'Angleterre cru le
sien et que la France ignore : ici original, là traduction ; tandis que (pour y tout confondre)
l'auteur du fait de sa naissance et d'admirables
esquisses n'appartient point aux lettres de chez
nous, tout en leur demandant, après coup, une
place prépondérante et quasi d'initiateur ou-
blié ! Le devoir à cet égard, comme la solution
intellectuelle, hésite : inextricables.

Un étranger a autrefois choisi la langue pour
y écrire son chef-d'œuvre, avec non moins de
singularité perdu ; nous que faire ? Chez les
bibliophiles multiplier l'exemplaire et les quelques demeurés, poliment. Page à page et ligne
à ligne restituant, elzévir ou autre, le type, un
même format : au papier déjauni (si l'on croit)

par égards, ainsi que pour ne point paraître avoir attendu cent ans. Mieux que ceci faire violence au Temps, dont l'arrêt se revise mais d'abord ne se casse, siérait mal : convoquer le peuple des liseurs, l'intéresser, le séduire ! et si, une heure accueilli en raison de l'avidité ordinaire d'émotions même spirituelles, l'objet de nouveau tombait dans l'oubli cette fois conscient, irréparable, sûr. Le fantôme même d'un livre ne peut être inopportunément troublé. A l'aventure d'un nom agité par des vents de gloire, soudain voué au silence, ces huit ou dix feuilles légères de vétusté préfèrent l'ancien, solitaire, injuste sommeil, où elles évaporent leur charme dans un absolu certain : pourtant rien de beau ne doit éviter l'investigation. Ainsi, le thème ouï, éclata, sans un temps de réflexion (car c'était hésiter) mais jusqu'au bout perspicace, l'avis de mon excellent éditeur, M. ADOLPHE LABITTE, *libraire de la Bibliothèque Nationale*, confident vrai des tomes et lettré ; puis bientôt : *Rien de plus curieux que ce dessein où, si quelque chose est à faire, c'est en tant que Curiosité, la fureur d'évocation, qui a lieu de-*

puis plusieurs années, jamais! ne devant trouver occasion si belle de réimprimer. Sa tâche était à cet esprit compétent indiquée; la mienne s'achève. Quelque chose de l'atmosphère inhérente à l'œuvre saisi peut-être ici avant que tout ne se soit éventé de désuétude, enfin demeure le Texte: pour en opérer, dans un futur quelconque, la RESTITUTION A NOTRE LITTÉRATURE; moi seul, non, ni à deux.

Sagaces chercheurs d'objets rares, bibliophiles comptés par le chiffre même de cette réimpression (deux cent et guères plus), ceux aux mains de qui elle échoit y tiennent aussi le sort de l'œuvre. Tout replacer juste où cela en devrait être, comme si l'évocation se faisait du néant et point de la poussière; acte opposé au seul mauvais sort qu'il soit loisible de nier d'abord; une indifférence étrange, point, mais la perte matérielle de l'édition. Solitairement, dussiez-vous, non coupés, feuillets de VATHEK, habiter, dans la froide enveloppe du parchemin, au rayon illustre de bibliothèques, la lampe de la veillée suscitera avec recueillement et comme dans un premier honneur intime votre titre marqué en or. Assez, mais plus se fera, chez de tels lecteurs qui ambitionnent, ces maîtres-là, de n'ouvrir livre de jadis qu'à l'allure surannée et quand le sacra la sanction d'une hospitalité tranquille et riche : où flotte l'illusion de l'avoir eux-mêmes trouvé.

Fiction le reste! Si j'ai d'abord comme prélevé l'âme, ne conservant du texte que souci seul de caractères ou de papier, ~~il faut~~ empêch~~er~~ /ons, maintenant à la forme originelle rendu, qu'il ne disparaisse ainsi, sans que soit formulée sa valeur. Quel se montre le langage au cours de VATHEK : question, dominant toutes celles traitées, vu que suffit peu, pour entrer dans une littérature, le fait de céler des trésors de telle date ou généraux, par l'écrit confiés à ce parler et pas à un autre; l'apport se fait en espèces marquées au coin authentique. Rien d'aisé comme de devancer, par voie d'abstraction et purement, des verdicts inclus dans l'avenir, lequel n'est que la lenteur à concevoir de la foule; et voici la fin de mes détours, à savoir si le conte oriental, réintégré en qualité d'offrande, va se joindre simplement aux archives, pour y dormir ; ou tantôt nécessiter chez nous quelque mode de vulgarisation déjà projeté, peut-être même (comme de l'autre côté de la mer) sa réédition habituelle.

La Grande-Bretagne, attendant, tient l'œuvre encore par là, un ~~langage~~ [*français*] fautif ou banal ; car le fait de la rédaction qui garda, traduite, une splendeur, n'emporte pas d'emblée l'excellence de l'original : suggérant même qu'issus dans leur idiome et avec peine unis au jet d'un autre, les pensers plus tard se sont, en retrouvant le moule naturel, eux, parfaits. Trêve de discussion extérieure : c'est, pièces en mains, qu'il faut parler. Oiseux ou intéressants, perſonne, des accidents spéciaux ici en jeu, n'exige dans le style une de ces coulées presque éternelles : où abondent les matériaux préparés par des générations quand, de siècle en siècle, se refond le discours. Quoi : une phraséologie correcte et par endroits égale au luxe de tableaux ou à quelque grandeur de sentiments; l'équilibre entre l'imagination et *le faire* inclinant plutôt vers celle-là comme, chez beaucoup de prosateurs classiques, il relève du côté de celui-ci, bien. A peine si plusieurs anglicismes accusent de loin en loin un très-léger malaise; et d'autres évoquent-ils quelque charme. Seule erreur avec plus de fréquence constatée qu'à la lecture de nos maîtres les modèles, une confusion atteignant le *possesseur* ou le *relatif*, dans les *pronoms* comme *son, sa, ses*, et *il, elle, la, lui*, etc. Pardon! et (pour clore) pareil tort dépend de certaines conditions grammaticales de l'Anglais mal oubliées, ainsi que d'une trop stricte obédience chez quelqu'un du dehors à nos règles empiriques. Rien n'absout l'impéritie apportée au maniement de telles attaches de la phrase, ou celle-ci se dissémine en l'ombre et le vague ; mais que de conquêtes sur ces deux jumeaux néfastes, oui! dans l'étreinte ferme et la mise en lumière de mots : il n'y manque pas une certaine préciosité même agréable dans la certitude à choisir entre tous l'exclusif et le bon. Maint passage, voilé ou intense, calme, mélancolique et grand, doit son multiple caractère à la vigilance toujours au guet de l'écrivain : que détacher qui ne soit vain lambeau ? Applicable à de la subtilité flottant entre les lignes, le traitement par moi suivi en premier n'est point d'usage ici avec leur teneur même; et, comprendre au vol des extraits, on a plutôt fait de lire le volume. Voltaire imité (celui de belle eau, mais c'est mal d'être à ce prix parfait), une prose, qui plus souvent annonce Chateaubriand, peut honorer aussi cet autre nom, Beckford. Tout coule de source, avec une limpidité vive, avec un ondoiement large de périodes ; et l'éclat tend à se fondre dans la pureté totale du cours, qui charrie maintes richesses de diction inaperçues d'abord : cas naturel avec un étranger inquiet que quelque expression trop audacieuse ne le trahisse en arrêtant le regard.

VATHEK,
CONTE ARABE.

A PARIS,

Chez POINÇOT, Libraire, rue de la Harpe,
près Saint-Côme, Nº. 135.

1787.

Titre

avec FLEURON *et* CUL-DE-LAMPE *primitifs*

Privilége

*

VARIANTES et CORRECTIONS.

—

APPROBATION DU CENSEUR ROYAL.

J'ai lu, par ordre de Monseigneur le Garde-des-Sceaux, un manuscrit qui a pour titre: VATHEK, ROMAN. C'est une petite brochure écrite dans le goût des Contes Arabes, & je n'y ai rien trouvé qui m'ait paru devoir en empêcher l'impression. A Paris, le 26 janvier 1787.

BLIN DE SAINMORE.

PRIVILÈGE DU ROI.

LOUIS, par la grace de Dieu, roi de France & de Navarre: A nos amés & féaux Conseillers, les Gens tenans nos Cours de Parlement, Maîtres des Requêtes ordinaires de notre Hôtel, Grand-Conseiller, Prévôt de Paris, Baillifs, Sénéchaux, leurs lieutenans civils, & autres nos Justiciers qu'il appartiendra: Salut. Notre amé le sieur POINÇOT, libraire, Nous a fait exposer qu'il desireroit faire imprimer & donner au public VATHEK, ROMAN, s'il nous plaisoit lui accorder nos lettres de permission pour ce nécessaires. A CES CAUSES, voulant favorablement traiter l'exposant, nous lui avons permis & permettons par ces présentes, de faire imprimer ledit Ouvrage autant de fois que bon lui semblera, & de le faire vendre & débiter par tout notre Royaume, pendant le temps de cinq années consécutives, à compter du jour de la date des présentes: Faisons défenses à tous Imprimeurs, Libraires, & autres personnes de quelque qualité & condition qu'elles soient, d'en introduire d'impression étrangère dans aucun lieu de notre obéissance. A la charge que ces présentes seront enregistrées tout au long sur le Regiſtre de la Communauté des Imprimeurs & Libraires de Paris, dans trois mois de la date d'icelles; que l'impreſſion dudit Ouvrage ſera faite dans notre royaume, & non ailleurs, en bon papier & beaux caractères; que l'Impétrant ſe conformera en tout aux Réglemens de la Librairie, & notamment à celui du 10 avril 1725, & à l'arrêt de notre Conſeil du 30 août 1777, à peine de déchéance de la préſente permiſſion; qu'avant de l'expoſer en vente, le manuſcrit qui aura ſervi de copie à l'impreſſion dudit Ouvrage, ſera remis dans le même état où l'Approbation y aura été donnée, ès-mains de notre trèscher & féal chevalier, Garde-des-Sceaux de France, le ſieur DE LAMOIGNON; qu'il en ſera enſuite remis deux exemplaires dans notre Bibliothèque publique, un dans celle de notre Château du Louvre, un dans celle de notre très-cher & féal chevalier, Chancelier de France, le ſieur DE MEAUPOU, & un dans celle dudit ſieur DE LAMOIGNON; le tout à peine de nullité des préſentes: du contenu deſquelles vous mandons & enjoignons de faire jouir ledit Expoſant & ſes ayanscauſes, pleinement & paiſiblement, ſans ſouffrir qu'il leur ſoit fait aucun trouble ou empêchement. Voulons qu'à la copie des préſentes, qui ſera imprimée tout au long au commencement ou à la fin dudit Ouvrage, foi ſoit ajoutée comme à l'original. Commandons au premier notre Huiſſier ou Sergent ſur ce requis, de faire, pour l'exécution d'icelles, tous actes requis & néceſſaires, ſans demander autre permiſſion, & nonobſtant clameur de Haro, Charte Normande, & lettres à ce contraires. Car tel eſt notre plaiſir. Donné à Verſailles, le vingtdeuxième jour du mois d'Août l'an de grace mil ſept-cent-quatre-vingtſept, & de notre règne le quatorzième. Par le Roi en ſon Conſeil.

LE BEGUE.

Régiſtré ſur le régiſtre XXIII de la Chambre Royale & Syndicale des Libraires & Imprimeurs de Paris, Nº 1034, fol. 330, conformément aux diſpoſitions énoncées dans la préſente permiſſion; & à la charge de remettre à ladite Chambre les neuf exemplaires preſcrits par l'Arrêt du Conſeil du 26 avril 1785. A Paris, le 4 ſeptembre 1787.

KNAPEN, Syndic.

VATHEK,
CONTE ARABE.

VATHEK, neuvième Calife (1) de la race des Abbaſſides, étoit fils de Motaſſem, & petit-fils d'Haroun Al-Rachid. Il monta ſur le trône à la fleur de ſon âge. Les grandes qualités qu'il poſſédoit déjà, faiſoient eſpérer à ſes peuples que ſon règne ſeroit long & heureux. Sa figure étoit agréable & majeſtueuſe; mais quand il étoit en colère, un de ſes yeux devenoit ſi terrible qu'on n'en pouvoit pas ſoutenir les regards: le malheureux ſur lequel il le fixoit tomboit à la renverſe, & quelquefois même expiroit à l'inſtant (2). Auſſi, dans la crainte de dépeupler ſes états, & de faire un déſert de ſon palais, ce prince ne ſe mettoit en colère que très-rarement.

Il étoit fort adonné aux femmes & aux plaiſirs

VARIANTES OU CORRECTIONS.

Faite sur un exemplaire de l'Edition française originale puis feuille à feuille collationnée par le signataire de la Préface, la Réimpression se conforme de tout point au texte de 1787. Rien n'a été pris dans l'Edition postérieure de Londres, à laquelle on a, cependant, comparé chaque ligne trouvée identique, sauf un membre de phrase nécessaire pour remplir, page 103, ligne 13, le blanc produit par l'oubli des mots « qu'un derviche m'apporta de l'Arracan »; et dans le but d'éviter le double emploi à trop court intervalle du verbe apporter, *je me suis cru permis de débuter ainsi « Qu'on me ferve... »*, *sans prendre garde que l'auteur lui-même avait en* 1815 *adopté ce tour « Qu'on me donne de... » : infraction malheureuse à mon refus de toute ingérence. Une variante encore ré-*

sulte de la réduction plus tard à quinze cents du chiffre de onze mille d'abord attribué aux degrés d'une tour : il faut la signaler.

L'orthographe française de VATHEK *suit les innovations en vigueur à la date où fut composé cet ouvrage, suppression du* t *aux participes présents, etc., ou bien s'attarde à des modes d'écrire antérieurs, réduplication de consonnes comme dans* jetter, appeller, *etc. ; il n'y est apporté de changement, qu'en ce qui concerne les deux* p *dans le verbe* apercevoir, *interdits déjà par le Dictionnaire de l'Académie, de sorte qu'il y avait faute : le Lecteur les trouvera d'ordinaire réduits à un. Les* Solimans, *montré partout avec le pluriel, en perdait une fois la désinence, page* 164, *ligne* 5, *qui a été restaurée. Seules des fautes typographiques pas moins irrécusables ont subi une correction, telle que le rétablissement d'une* f, *évitant ce sens baroque* « la biche qui fuit le chaffeur » ; *et du pronom réfléchi là* « un bruit qui fit trembler et s'entrouvrir la voûte » : *nul autre exemple qui importe.*

Les Notes ci-contre fort diminuées, dans leur nombre et quant au volume de certaines, par la publication faite à l'étranger, ont dû recevoir plusieurs retouches peu graves, une phrase ou deux (Notes 5, 40, 65 *et passim) ayant échappé jadis* à la presse, défaites ou tronquées, visiblement point relues, détail presque de prote.

Le souhait reste à formuler que notre Réimpression de 1876 ne fournisse pas à la sévérité des éditions futures un erratum abondant.

GENÈVE

Imprimerie Jules-Guillaume Fick

www.ingramcontent.com/pod-product-compliance
Lightning Source LLC
LaVergne TN
LVHW022210080426
835511LV00008B/1673